BEI GRIN MACHT SICH IHR WISSEN BEZAHLT

AF167084

- Wir veröffentlichen Ihre Hausarbeit,
  Bachelor- und Masterarbeit

- Ihr eigenes eBook und Buch -
  weltweit in allen wichtigen Shops

- Verdienen Sie an jedem Verkauf

Jetzt bei www.GRIN.com hochladen
und kostenlos publizieren

Bibliografische Information der Deutschen Nationalbibliothek:

Die Deutsche Bibliothek verzeichnet diese Publikation in der Deutschen National-
bibliografie; detaillierte bibliografische Daten sind im Internet über http://dnb.d-
nb.de/ abrufbar.

Impressum:

Copyright © 2018 GRIN Verlag
Druck und Bindung: Books on Demand GmbH, Norderstedt Germany
ISBN: 9783346180896

Dieses Buch bei GRIN:

https://www.grin.com/document/535298

Jonas Kopp

Marketingplanung für ein sportvereinseigenes Fitness-studio. Marktanalyse und Marketingkonzept

GRIN Verlag

GRIN - Your knowledge has value

Der GRIN Verlag publiziert seit 1998 wissenschaftliche Arbeiten von Studenten, Hochschullehrern und anderen Akademikern als eBook und gedrucktes Buch. Die Verlagswebsite www.grin.com ist die ideale Plattform zur Veröffentlichung von Hausarbeiten, Abschlussarbeiten, wissenschaftlichen Aufsätzen, Dissertationen und Fachbüchern.

Besuchen Sie uns im Internet:

http://www.grin.com/

http://www.facebook.com/grincom

http://www.twitter.com/grin_com

Deutsche Hochschule für
Prävention und Gesundheitsmanagement
Hermann Neuberger Sportschule 3
66123 Saarbrücken

Hausarbeit (kollektive Prüfungsleistung)

Name, Vorname	Kopp, Jonas
Modul	Marketing 1
Studiengang	Gesundheitsmanagement
Datum Präsenzphase	17.09.2018-19.09.2018

Inhaltsverzeichnis

1 Marktanalyse

1.1 Allgemeine Informationen

Das Sportvereinseigene Fitnessstudio ist hauptsächlich für Mitglieder des Sportvereines eröffnet worden. Da der Sportverein auch eine eigene Jugendabteilung besitzt, sind auch Jugendliche im Studio vertreten. Des Weiteren sollen auch Männer und Frauen trainieren in der Altersspanne von 16-50 Jahren. Die Mitglieder sollen ihren Körper stärken, um in ihrer spezifischen Sportart bessere Erfolge zu erzielen. Es kann sowohl für Wettkampfathleten sein, die aktiv im Sportverein sind als auch für Sportler, die nur Freizeitsport im Sportverein treiben. Trainer und Betreuer des Sportvereins sollen selbstverständlich auch im Fitnessstudio trainieren, um fit zu bleiben. Da der Sportverein viele spezifische Sportarten anbietet, ist eine Vielfalt an Trainingsmethoden erforderlich, um Erfolge zu erzielen. Das Studio bietet spezifisches Training an, was genau auf die Athleten angepasst ist bzw. auf ihre Sportart abgestimmt ist. So können beispielsweise Sportler, die im Sportverein Fussball spielen, ihre Ausdauer durch die Verwendung von Cardio-Geräten trainieren. Es dürfen auch Personen aus anderen Sportvereinen oder jene, die nicht in einem Verein sind, im Fitnessstudio trainieren.

Da das Trainieren innerhalb des Sportvereins nicht ausreicht, um optimale Leistung zu erbringen bzw. weil vielen Vereinen die finaziellen Mittel fehlen, um ihre Mitglieder weiter zu fördern, stellt das vorgestellte Konzept eine Verbesserung der genannten Umstände dar.

Tab. 1: Informationen über das Studio

	Sportvereinsmitglied	Nicht Mitglied
Leistungen	Cardiobereich, Kurzhantelbereich, Kraftgerätepark, freie Fläche, Getränkestation, Gruppen- und Personaltraining	Cardiobereich, Kurzhantelbereich, Kraftgerätepark, freie Fläche, Getränkestation
Preis	zwölfmonatige Mitgliedschaft: 20€ Aufnahmegebühr: einmalig 20 €	zwölfmonatige Mitgliedschaft: 30€ Aufnahmegebühr: einmalig 50€

Distributions-politik	Messestände, Präsenz beim Vereinsfest, Partnerschaften mit anderen Sportvereinen, Link auf Partnerwebsiten, Absatz auf Website und über Verein

1.2 Lage des Fitnessstudios

Die Lage des Studios ist sehr zentral gelegen, um möglichst viele Per-sonen zu erreichen. Ein weiterer Grund dafür ist, dass viele kleine Sportvereine in der Nähe sind, sodass sich weitere potenzielle Kundschaft bildet. Grünflächen sind nicht weit entfernt- so könnte man auch in den Parks trainieren. Die Anbindung an das S-Bahn- und U-Bahn-Netz ist sehr gut und damit ist das Studio für jüngere Mitglieder, die kein Auto besitzten, leicht zu erreichen. Es gibt einige Restaurants und Einkaufsmöglichkeiten in der Nähe, die man nach dem Sport besuchen kann. Parkmöglichkeiten sind auf dem Stu-diogelände zu finden.

1.3 Marktgebiete

Diese Karte zeigt die Marktgebiete, sowie zwei große Fitnessstudios auf.

Die Abbildung wurde aus urheberrechtlichen Gründen für die Veröffentlichung entfernt.

Abb. 1: Marktgebiete

Es gibt zwei starke Mitbewerber im Marktgebiet.

1.4 Makroumfeld

Tab. 2: Makroumfeld

Kaufkraftindex	104,0
Arbeitslosenquote (stand 08.2017)	6,0%
Altersverteilung	Gesamteinwohnerzahl: 539970 unter 24 Jahren: 23,9% 25-34 Jahren: 16,1% 35-74 Jahren: 49,7% 75 und älter: 10,5%
Marktgebiet 1	**Einwohnerzahl**
Altstadt und engere Innenstadt	58826
Innenstadtgürtel West/Nord/Ost	90189
Innenstadtgürtel Süd	95486
Summe	244501
Marktgebiet 2	**Einwohnerzahl**
Westliche Außenstadt	31694
Südwestliche Außenstadt (zu 70% gewichtet)	(70% v. 46004) 32203
Südliche Außenstadt (zu 70% gewichet)	(70% v.50001) 35001

Südöstliche Außenstadt (zu 70% gewichtet)		(70% v. 48289) 33802
Östliche Außenstadt (zu 70% gewichtet)		(70% v. 46517) 32562
Nordöstliche Außenstadt		(70% v. 28482) 19937
Stadt Fürth		(70% v. 125403) 87782
Summe		272981
Martkpotenzial	244501+272981=517482 517482x0,12=62098	

Ich habe mich für diese grobe Einteilung der Stadtteile entscheiden, da Nürnberg in über 90 Bezirke eingeteilt ist und das Auflisten der Bezirke, die in den Marktgebiet eins und zwei, zu viel Platz in Anspruch nehmen würde.

1.5 Wettbewerbsanalyse

Tab. 3: Wettbewerber im Detail

	Franchisestudio	Discountstudio
Produkt-politik	➢ All-Inclusive-Vertrag (12 Monate): 29,90€/Monat (kostenlose Parkplätze, TRX Training, TV, Musik, Wasser gratis, Duschen, Cardiotraining, Gerätetraining, Zirkeltraining, Trainingspläne, Lounge mit Zeitschriften, Vibrationstraining, Minergetränke Solarium, Massagesessel, Kurse) ➢ Basic-Vertrag (12 Monate): 24,90€/Monat	➢ Standart-Vertrag (12 Monate): 19,90€/Monat (Nuttzung aller Studios Kurstraining, vrtuelles Kurstraining, Open Group Workouts, Cardiotraining, Gerätetraining, Functional Area, Ladys Corner

	➢ SparAbo-Vertrag (12 Monate): 19,90€/Monat ➢ Zzgl. Einmalige Verwaltungspauschale von 19,90€ (gilt bei allen Verträgen) ➢ Halbjährliche Servicepauschale von 19,90€ (gilt bei allen Verträgen)	➢ Einmalige Aktivierungsgebühr von 29€ ➢ Halbjährliche Servicepauschale von 15€
Stärken	➢ Bei All-Inclusive viele Leistungen enthalten, ➢ Lounge ➢ Getränkeflat ➢ Solarium ➢ Auswahl an Verträgen ➢ 365 Tage geöffnet	➢ Frauenbereich im Studio ➢ Mehrere Möglichkeiten der Kurse ➢ 24h geöffnet, 365 Tage ➢ Tägliche Trainerbetreuung von 8-22 Uhr ➢ Vierwöchige Kündigungsfrist ➢ Möglichkeit in allen Studios zu trainieren
Schwächen	➢ Begrenzte Öffnungszeiten	➢ Kein Solarium ➢ Keine Auswahl an Verträgen ➢ Keine Getränkeflat ➢ Keine Lounge
Vergleich zum Sportvereinseigenen Studio	Die Mitbewerber bieten mehr Leistungen zu ähnlichen Preisen. Sie bieten mehr Trainingsmöglichkeiten, sowie Auswahlmöglichkeiten von Verträgen an. Sie haben längere Öffnungszeiten und bieten Ausbildungsplätze an.	

2 Marketingplanung

2.1 Budgetplanung

Marketingkosten pro Neukunde: 20€

Geplante Mitgliederzahl: 450 Mitglieder

450x20€= 9000€

Das Budget des Unternehmens für das kommende Jahr liegt bei 9000€ und es wurde das Verfahren „Marketing pro Neukunde" angewendet.

2.2 Kommunikationspolitik

Tab. 4: Kommunikationspolitik im Detail

	Eventmarketing	Öffentlichkeitsarbeit
Ziel der Kampagne	➤ Mitgliedergewinnung zur offizellen Eröffnung ➤ Vorstellung des Unternehmens und wofür es steht ➤ Einmaliges Erlebnis schaffen ➤ Bekanntheitsgrad erhöhen	➤ Zielgruppe ansprechen und werben ➤ Bekanntheitsgrad erhöhen ➤ Positives Image aufbauen ➤ Kundenbindung aufbauen ➤ Mitarbeitermotivation und Teamgeist steigern
Inhalt der Kampagne	Werbemittel sind aus Aufgabe 2.3 zu entnehmen.	
	➤ Eröffnung zum Event machen ➤ Große Geräte enthüllen (Geräte mit Lacken umhüllen) ➤ Logo erstmals vorstellen ➤ Stehtische, Bänke aufstellen ➤ Sportgetränkverkostung	➤ Flyer direkt an Person verteilen und Bindung aufbauen ➤ Vorteile nennen ➤ Einzigartigkeit hervorheben

	➤ Autogramm und Fotostunde mit Fussballspieler des 1.FC Nürnberg ➤ Bei Vertragsabschluss erhählt Mitglied drei Monate Beitragsfrei	➤ Einaldung zur großen Eröffnung ➤ Ablauf der Eröffnung kurz erläutern ➤ Hörfunkspot wird Aktion angesprochen und die Einladung der Fussballspieler betont

Zeitliche Organi- sation	Datum	Maßnahmen
	02.01.-04.01.	Flyer bestellen, Ground Poster buchen, Hörfunkspot buchen
	10.01.-01.04.	15000 Flyer verteilen in der Innenstadt, an Universitäten, Szenenlokals, Sportvereinen, Sportveranstaltungen, Sportschulen, Bahnhöfen, Bushaltestellen, Straßenbahnhaltestellen, Gespräche mit potenziellen Kunden führen
	10.02.	Anfrage an 1.FC Nürnberg stellen
	01.04.-22.04.	Ground Poster werden an Bahnhöfen platziert
	18.04.-01.05.	Hörfunkspot wird übertragen
	01.05. feierliche Eröffnung	Sektempfang, Stehtische und Sitzbänke vor Studio, Autogramm- und Fotostunde mit Fussballspieler, Enthüllung des Logos, Enthüllung einiger Geräte, Probetraining, Mineraldrinkverkostung, Mitgliedschaften abschließen mit 3 Monats Aktion,

Erfolg überprü- fen	➤ Umfragebogen erstellen mit konkreten kurzen Fragen ➤ Mitglieder- Umfrage machen lassen ➤ Umfrage auswerten ➤ Überprüfung nach halben und ganzen Jahr ob Mitgliederzahl erreicht wurde und wann welche Person Vertrag abgeschlossen hat (z.B. direkt nach Kampagnenstart)

Instru- menten- wahl	Das Eventmarketing soll als großes Hightlight genutzt werden, was den Mitgliedern ein einmaliges Erlebnis bietet. Des Weiteren soll dadurch das Interesse am Studio geweckt werden und eine familiäre Athmosphäre geschaffen werden.

Die Öffentlichkeitsarbeit dient dazu die Kunden anzuwerben. Es soll eine persöhnliche Beziehungsebene, sowie eine Kundenbindung geschaffen werden. Die Bekanntheit des Studios wird erhöht.

2.3 Werbeplanung

Für die Werbeplanung sollen 20% des Jahresbudgets genutzt werden. Das geplante Budget liegt demzufolge bei 1800€.

Tab. 5: Werbestrategie

Werbemittel	Werbeträger	Beschreibung
Plakat	Plakatwand, Litfaßsäule, City-Light-Poster	➢ Große Reichweite an Bushaltestellen, Bahnsteigen, Hauptverkehrstraßen, Einkaufsmärkten ➢ Plakatmiete sehr hoch ➢ Große Reichweite auf Zielgruppe durch Wartezeiten an Ampeln, Bushaltestellen und Bahnhöfen begünstigt ➢ Mittlere Verweildauer, da zeitlich begrenzt
Flyer	Postkarten, private Verteiler, Aushang in Lokalen, Supermärkte, kleinere Geschäfte und Betriebe	➢ Mittlere Reichweite auf Zielgruppe ➢ erschwingliche Preise ➢ Hohe Verweildauer
Hörfunkspot	Radiosender	➢ Geringe bis mittlere Reichweite ➢ Geringer bis hoher Preis (abhängig von Dauer und Austrahlungszeit des Spots) ➢ Geringe Verweildauer, da längere Austrahlung teuer ist und nur zweimal pro Stunde ausgestrahlt werden kann

2.4 Kostenkalkulation

Das Jahresplanungsbudget beträgt insgesamt 9000€. Für die folgenden Werbemaßnahmen werden 20% eingeplant, was genau 1800€ sind.

Tab. 6: Kosten im Detail

Beschreibung	Kosten
Flyer: DIN lang beidseitig, 4-farbig, 100mmx210mm, 300g Bilderdruckpapier ➢ Druckauswahl ➢ 15000 Flyer drucken ➢ Verteilen der Flyer durch Studiomitarbeiter	➢ 234,00€ Netto ➢ 0€ ➢ 0€ ➢ Ges.: 278,46€
Hörfunkspot im Radio: 10 Sekunden Spot, 2 Wochen zwischen 8:00-9:00 Uhr von Montag-Freitag bei Energy Nürnberg ➢ 10 Spots ➢ Bearbeitungsgebühren	➢ 800€ ➢ 69€ ➢ Ges.: 869€
Plakat: Ground Poster im Hauptbahnhof Nürnberg, 10 Poster, 3 Wochen a 114€ ➢ Ground-Poster ➢ Produktionskosten	➢ 342€ Netto ➢ 180€ ➢ Ges.: 621,18€
	Gesamtkosten:1.768,64€

Das Werbeplanungsbudget wurde eingehalten. Die Gesamtkosten liegen bei 1.768,64€. Das angedachte Budget lag bei 1800€ und ist demzufolge nicht sehr hoch. Bei einem höheren Budget lassen sich viele Dinge verbssern bzw. die Werbemaßnahmen erhöhen oder verbessern.

2.5 Synergieeffekte

Aus meiner Position gibt es wenige bis keine Synergieeffekte, da die Studios zu unterschiedlich sind. Des Weiteren haben die Discount- oder Premiumstudios ein viel höheres Budget zur Verfügung und dadurch viel mehr Möglichkeiten. Man kann die eher kleinen Studios gut verbinden, sodass sie voneinander profitieren würden. Beispielsweise könnten rehabilitierte Sportler, die aus einem Gesunheitsstudio kommen, ihre Sportart wieder aufnehmen und somit in das Sportvereinseigene Fitnessstudio gehen. Dabei können Kooperationen entstehen. Mit den großen Studios ist dies schlecht umzusetzten.

3 Abschlussstatement

Allgemein ist die Stadt Nürnberg für neue Unternehmensgruppe geeignet. Die Stadt bietet eine hohe Kaufkraft; die Altersverteilung liegt hauptsächlich im jungen bis mittleren Alterssegiment und die Arbeitslosenquote liegt bei 6%. Unter Betrachtung aller Unternehmenstypen lassen sich verschiedene Chancen und Risiken erkennen. Nürnberg ist nicht für alle Unternehmensgruppen eine sinnvolle Wahl. Unter Anderem ist es für das Discount-Studio ungünstigt, da es schon viele Discounter gibt. Des Weiteren ist das Jahresbudget dieses Discount-Studios nicht hoch genug, um genügend Werbung bezahlen zu können, was somit eine ungenügende Zahl an Kundschaft generieren würde. Das Discount-Studio ist im Vergleich zu in Nürnberg schon vorhandenen Discountern preisintensiver. Das Marktpotenzial ist im Vergleich auch nicht zu hoch und daher ist der Standort nicht optimal. Das Premium-Studio hingegen steht gut da und hat ein hohes Marktpotenzial. Des Weiteren stimmt das Jahresbudget für das Marketing. Die anderen drei Studios haben ein mittleres bis hohes Marktpotenzial. Im Vergleich zum Discounter und dem Premium- Studio ist das Jahresbudget sehr niedrig und bietet daher weniger Chancen auf Aufmerksamkeit. Daher wäre es für das Gesundheitsstudio, Mikrostudio und Sportvereinseigene Studio schwerer, Kunden zu generieren. Sinnvoll wäre eine Kooperation der kleinen Studios, um dadurch ihren Bekanntheitsgrad zu erhöhen. Am erfolgreichsten wird das Premiumstudio sein, da es ein gutes Marktpotenzial besitzt, sowie ein hohes Budget für die Marketingabteilung. Auch das Sportvereinseigene-Studio hat Chancen auf Erfolg, da es in Kooperation mit einem größeren Verein steht und zudem ein sehr hohes Marktpotenzial hat, was viele potenzielle Kunden darstellt.

4   Literaturverzeichnis

Amt für Stadtforschung und Statistik für Nürnberg und Fürth.(2017).*Statistisches Jahrbuch der Stadt Nürnberg.*

Clever fit GmbH. Zugriff am 28.10.2018. Verfügbar unter https://www.clever-fit.com/fitness-studios/clever-fit-nuernberg-sued/#prices

Crossvertise GmbH. Zugriff am 30.10.2018. Verfügbar unter https://market.crossvertise.com/de-de/energy-nuernberg-/media/radio/details/682777

GfK (2016).*Kaufkraft in Deutschland steigt 2017 um 1,7 Prozent.* Zugriff am 21.10.2018. Verfügbar unter https://www.gfk.com/de/insights/press-release/kaufkraft-deutschland-2017/

Hobner & Herdl GdbR. Zugriff am 30.10.2018. Verfügbar unter https://www.flyerpoint.de/component/breezingcommerce/32065-5-flyer-din-lang-300g-vom-flyer-druckprofi?rowid=2065

Kenndaten für Investoren. (2017). *Zahlen und Fakten zum Wirtschaftsstandort Nürnberg.* Zugriff am 21.10.2018. Verfügbar unter https://www.nuernberg.de/imperia/md/wirtschaft/dokumente/wirtschaftsstandort/kenndaten_fuer_investoren_nuernberg.pdf

McFIT Global Group Gmbh. Zugriff am 28.10.2018. Verfügbar unter https://www.mcfit.com/de/

Stroeer Deutsche Stadte Medien Gmbh.(2018), *Mediaten Ground Poster 2018.* Zugriff am 28.10.2018. Verfügbar unter https://www.stroeer-direkt.de/fileadmin/regional/wt_downloads/7196.pdf?Mediadaten%20"Ground%20Poster"%202018.pdf

Wirtschafstandort Nürnberg. *Der Nürnberger Arbeitsmarkt.* Zugriff am 21.10.2018. Verfügbar unter https://www.nuernberg.de/internet/wirtschaft/arbeitsmarkt.html#29

5 Abbildungs- und Tabellenverzeichnis

5.1 Abbildungsverzeichnis

Abbildung 1: Marktgebiete

5.2 Tabellenverzeichnis

BEI GRIN MACHT SICH IHR
WISSEN BEZAHLT

- Wir veröffentlichen Ihre Hausarbeit,
  Bachelor- und Masterarbeit

- Ihr eigenes eBook und Buch -
  weltweit in allen wichtigen Shops

- Verdienen Sie an jedem Verkauf

Jetzt bei www.GRIN.com hochladen
und kostenlos publizieren